D1730834

Peter Lauster

Zum Jahr
2003

Ausblicke und gute Wünsche

SKV-EDITION

*O*b einer Ernst macht, sieht man nicht an großen Entschlüssen, sondern an der kleinen Arbeit, tagaus, tagein.«

Romano Guardini

Winterzauber

Wie wunderschön sind klare und kalte Wintertage bei strahlend blauem Himmel. Als Kind haben wir den Schnee in vollen Zügen genossen und voller Begeisterung einen Schneemann gebaut. Erinnere dich an diese selbstvergessenen Stunden des Glücks, die frei von jeglichem Denken und Grübeln waren. Der Genuss des Augenblicks reichte völlig aus, um sich rundum glücklich zu fühlen.

Vitalität

Die Kraft des Lebens ist unerschöpflich, du kannst sie in der Natur überall sehen, wenn du genau hinschaust. Alles Lebendige will sich entfalten und befreit sich von Hindernissen, lässt sie einfach nicht negativ wirken – weder Kälte noch Sturm. Lebe auch du voller Lebenskraft im Augenblick und lass dich von Widerständen wie Sorgen, Problemen oder Konflikten nicht daran hindern, dich lebendig zu fühlen.

Fließen

Die Wellen des Meeres waschen seit Jahrhunderten die Steine rund. Alles Fließende ist auf Dauer stärker als Statisches. Lebe deshalb fließend, bleibe flexibel, erstarre nicht in Dogmen oder Prinzipien, denn Fließendes ist lebendiger als alles Feste oder Erstarrte. Das ist ein Gleichnis für das Leben: Stellt sich dir ein Hindernis in den Weg wie ein Fels in der Brandung, dann umfließe es mit Schaumkronen und hoch aufgischtenden Wassertropfen.

Achtsamkeit

Man muss sehr genau hinschauen, wenn man im Selbstverständlichen des Alltags das Besondere sehen möchte. Nichts ist im Grunde unwichtig oder gar selbstverständlich, denn überall ist Schönheit in der Natur. Alles ist beachtenswert. Sei deshalb aufmerksam und achtsam in jedem Moment, denn kein einziger Moment ist unbedeutend oder unwichtig. Das ist eine meditative Einstellung zum Leben und zu dir selbst.

Blütenduft

Der Frühling macht die Sinne wach. In den Wintermonaten hat sich oft ein Grauschleier über unsere Sinne gelegt. Die Mailuft, wärmende Sonnenstrahlen, blühende Bäume, der Duft der Blüten, das Zwitschern der Vögel, alles das wischt jetzt den Grauschleier von unseren Sinnen und macht deutlich, dass nicht das Denken im Zentrum stehen sollte, sondern die sinnliche Wahrnehmung der Wirklichkeit.

Staunen

Mohnblüten haben die zartesten Blütenblätter – sie sind so zart, dass sie im Wind vibrieren – man wagt kaum, sie anzufassen, weil sie so dünn und verletzbar sind. Sie zu betrachten führt zu einem großen Staunen, dass die Natur so etwas hervorbringt, so viel Blättergröße in intensiven Farben auf einem so dünnen und zarten Stiel.

Wolken

Es ist täglich immer neu etwas Besonderes, die Wolken am Himmel zu beobachten, besonders früh morgens und auch abends. Viele Menschen schauen nicht in den Himmel, um seine Schönheit zu genießen, sondern werfen nur einen prüfenden Blick auf die Wolken, welches Wetter sie zu erwarten haben – ob man vielleicht einen Schirm braucht. Die Wolken sind aber gar nie etwas Banales; sie sind täglich neu und lassen uns unser Ego vergessen, wenn wir sie aufmerksam mit Staunen betrachten.

Freiheit

Oft mache ich mir Gedanken über die Freiheit: Sind wir wirklich frei oder sind wir gebunden? Die meisten Menschen sind gebunden und nicht frei, das kann man täglich beobachten. Das Denken, alles, was mit ihm verbunden ist, macht unfrei, zwängt in Schablonen. Das Sehen und Hören im Augenblick des Jetzt aber macht frei. Die meisten aber sehen und hören nicht wirklich, denn ihre Ratio überschattet ihre Sinne.

Sehen

Bei dem nebenstehenden Bild fällt mir ein Satz des Philosophen Arthur Schopenhauer ein: »Zu Papier gebrachte Gedanken sind überhaupt nichts weiter als die Spur des Fußgängers im Sande. Man sieht wohl den Weg, welchen er genommen hat, aber um zu wissen, was er auf dem Wege gesehn, muss man seine eigenen Augen gebrauchen.« Das sagt: Man muss den Sand fühlen, den Wind auf der Haut spüren und das Flirren des Lichts am Horizont sehen.

Herbstzauber

Im Herbst wird die Natur von Woche zu Woche farbintensiver, die Blüten werden kraftvoll farbig, die Blätter der Bäume verfärben sich und aus Grün wird Rot oder Gelb. Im Herbst werden die Farben deutlicher, die Winde kräftiger und die Wolken am Himmel ziehen schneller vorüber. Der Herbst hat die Lyriker zu wunderbaren Gedichten inspiriert. Auch wer kein Gedicht schreibt, kann den Herbst in vollen Zügen, mit allen Sinnen genießen. Dieser Genuss ist Liebe, eine Liebe, die ein Gleichnis ist, über das man in langen Wintermonaten nachdenken sollte.

Schönheit

Mein Leben lang war ich von Sonnenuntergängen fasziniert, ich habe Hunderte Fotos gemacht und war danach oft enttäuscht. Ein Foto ist ein statisches Bild, aber ein erlebter Sonnenuntergang ist die reale dynamische Langsamkeit des Verschwindens der Sonne. Ich habe sehr viele Sonnenuntergänge allein für mich in aller Stille genossen. Am schönsten war es aber mit einem Menschen, den ich liebte und der diesen Augenblick mit mir teilte, auch wenn manche dazu das Wort »Kitsch« sagen.

Tautropfen

Das Jahr geht nun langsam zu Ende, die Tautropfen sind morgens besonders schön; sie glitzern in der Sonne und werfen kleine Strahlen zurück direkt in dein Auge. Die Luft ist dann schon sehr kühl, ein Blatt weht vom Baum und legt sich in diese Pracht hinein. Das sind die Sekunden, in denen ich bedaure, selbst einmal vom Baum des Lebens fallen zu müssen.

Liebe

In der Vorweihnachtszeit wird es täglich kälter und es regnet auch oft oder schneit. In den Nächten kann es schon mal so kalt werden, dass die Wäscheklammern an der Leine gefrieren. Das ist wunderschön. Warum gehen so viele daran morgens achtlos vorüber? Weil unser Kopf voll ist mit Problemen, Sorgen und Strategien. Das Denken will immer etwas erreichen und werden. Das Sehen dagegen ist glücklich, einfach zu sehen, was wirklich ist, und das ist Liebe.

Sinne

Das Jahr geht nun langsam zu Ende. An den Haustüren sieht man überall Weihnachtskränze hängen, die den Eingang schmücken. Alle freuen sich auf den 24. Dezember, den Weihnachtsabend. Schön wäre es, wenn dieser Abend einfach nur ein Fest der Sinne wäre und kein Fest des Gebens und Nehmens, sondern einfach ein Fest der Liebe und der Freiheit. Das vergangene Jahr geht zu Ende, es war voll Sinnlichkeit – und Liebe war Freiheit, durch diese Freiheit wurde Liebe präsent.

In unserem Verlag sind von Peter Lauster erschienen:
Zum Geburtstag alles Gute, 34 Seiten, vierfarbige Fotos, **Gedanken zur Gelassenheit,** 34 Seiten, vierfarbige Fotos, **Viele gute Wünsche für dich,** 34 Seiten, vierfarbige Fotos, **Wünsche für Mut und Kraft,** 34 Seiten, vierfarbige Fotos,
Grußbriefe, 24 Seiten: **Zum Geburtstag** ✳ **Zur guten Genesung** ✳ **Zur Hochzeit** ✳ **Herzliche Glückwünsche** ✳ **Dankeschön** ✳ **Für Trauernde** ✳ **Zur Lebensfreude** ✳ **Alles Liebe für dich**

Weitere Literatur von Peter Lauster:
Lassen Sie der Seele Flügel wachsen. *Wege aus der Lebensangst,* 304 Seiten. **Die Liebe.** *Psychologie eines Phänomens,* 240 Seiten. **Wege zur Gelassenheit.** *Die Kunst, souverän zu werden,* 208 Seiten. **Flügelschlag der Liebe.** *Gedanken und Aquarelle,* 112 Seiten, 32 vierfarbige Aquarelle. **Der Sinn des Lebens,** 240 Seiten. **Stärkung des Ich.** *Die zweite Geburt der Selbstwerdung,* 214 Seiten. **Lebe leicht und frei,** 280 Seiten.

Kontakt zum Autor im Internet: **www.peterlauster.de**

Bildnachweis: Umschlag: S. Baum; S. 5: Eberharter/Dr. G. Wagner; S. 7: W. Layer; S. 9, 15: Ch. Palma; S. 11: J. Vogt; S. 13: G. Weissing; S. 17: W. Wirth; S. 19: Bertsch/HUBER; S. 21: Diaf/IFA-Bilderteam; S. 23: T. Schneiders; S. 25: H. + B. Dietz; S. 27: R. Kohlrusch; S. 29: Vogt/E. Geduldig; S. 31: S. Thamm

Die Deutsche Bibliothek – CIP-Einheitsaufnahme

Ein Titeldatensatz für diese Publikation ist bei
Der Deutschen Bibliothek erhältlich.

Bestell-Nr. 93291
© 2002 by SKV-EDITION, Lahr/Schwarzwald
Gesamtherstellung: St.-Johannis-Druckerei, Lahr/Schwarzwald
Printed in Germany 108689/2002